حسن يحيى

نظرية المؤامرة
والعالم العربي

Nathariyyat

Al Mu'amarah

Wal Aalam al Arabi

Hasan Yahya

مطابع القدس

ضمن مشروع إحياء التراث العربي في المهاجر

بدعم من الموسوعة العربية الأمريكية ومعهد التراث العربي ومطابع القدس

– الولايات المتحدة

ISBN-13: 978-1477681084

ISBN-10: 1477681086

Mental Trip Series - 32

Manufactured in the United States of America

إهداء

إلى المستقبل العربي

مقدمة

حين تم اغتيال أسامة بن لادن من قبل القوات الأمريكية وهو في معقله بباكستان، وإلقاء جثته بعد ذلك في البحر حتى لا تقام له شعائر دفن أو بناء مقام على قبره، لم يكن هناك أحد ، وجاءت الصور بعدها تبين أن الرجل كان غير مسلح ، هذه القصة تمثل دليلا قاطعا على وجود نظرية المؤامرة مثلها كمثل مأساة 11/9 . ويصبح من الصعب في هذه الحالة استبعاد نظرية المؤامرة . ومثلها إلقاء القنبلة الذرية على هيروشيما عام 1944 واغتيال جون كينيدي عام 1963 وبعده مارتن لوثر كنج ومالكولم إكس وحرب العراق وأفغانستان وعشرات غيرها تحتوي على عناصر نظرية المؤامرة، ولكن يصعب حل طلاسمها وكلها تعتمد على الأكاذيب والخطط المغلفة بالأسرار.

ولعل كل فاشل في الحياة ـ كما أعتقد ـ يشعر بأن العالم من حوله منذ ولادته وحتى مماته ما هو إلا مؤامرة تحاك ضده من دون الناس جميعا لتمنع نجاحه وتحقيق أحلامه وإثبات مهاراته . قد يكون هذا القول مصيبا وقد يكون تصورا كاذبا ، إلا أن بعضه في الحقيقة قد يكون مصيبا في عالم يعتمد على التنافس الذي يدفع الناس لممارسة بعض

التصرفات لإنجاح خططهم وتحقيق أهدافهم مما تعتبر ملامح من نظرية المؤامرة.

هذا الكتاب القصير يصف نظرية المؤامرة ، حقيقتها ومزاياها وخيالاتها ، وإن كانت هناك بوادر لصحتها إلا أنها من الأسرار العظيمة التي تغلفها السرية التامة نظرا لفظاعة نتائجها على البشر. وقد نشرت سابقا تحت سلسلة مقالات بالعربية والإنجليزية بعنوان: "دقيقتان مع الدكتور يحيى Two Minuted with Dr. Yahya:".

وفي بلاد العرب كثيرا ما يرد في مقالات المثقفين تحليل الأحداث السياسية أو الاقتصادية أو الاجتماعية وربطها بنظرية المؤامرة ، فاحتلال فلسطين من قبل الصهيونية وحرب السويس وحرب العراق وتشتيت اللاجئين والجهل وعدم إنشاء مصانع فعالة للاكتفاء الذتي للدول العربية وحتى إنشاء الحكومات العربية لا يخلو عند كثير من الكتاب أنه مؤامرة تحاك ضد العرب.

أرجو أن يضيف هذا الكتاب معلومات جديدة تفيد القراء في التعرف على نظرية المؤامرة وأساليبها . وقد بدأتها بمقال كنت كتبته قبل سنين حولها لتبسيط معناها ووصفت فيه بعض تصرفات الأشخاص معتقدين أن هناك مؤامرة تحاك ضدهم إذا واجهوا بعض المشاكل في حياتهم العملية اليومية .

نظرية المؤامرة

Conspiracy Theory

الحضارة هي مؤامرة بحد ذاتها، والحياة المعاصرة ما هي إلا دسائس وصراعات يمتاز بها من يقومون بها ويريدون إبقاءها في سرية تامة ، بدون تعليل . أما على مستوى البشر كأشخاص فإن الأمر لا يختلف كثيرا. (حسن يحيى)، وإليكم هذا المقال نبدأ به هذا الموضوع الحيوي.

صراع النفس ونظرية المؤامرة
د. حسن عبد القادر يحيى
جامعة ميشيغان – الولايات المتحدة
SELF CONFLICT AND
CONSPERACY THEORY
HASAN YAHYA, PH.D

يعتقد البعض من النساء والرجال أن هناك مؤامرة تحاك
ضدهم من طرف لا يستطيعون وصفه تحديدا ولا شكلا ،
كلما وقعوا في ورطة عائلية أو أصيبوا بانتكاس نفسي أو
خسروا مالا وأرواحا في حرب أو مالا وأسواقا في تجارة
. أو انصدموا في قصة حب اعتقدوا أنها مؤمنة وغير قابلة
للصد م فكتب لها الفشل ، أو فشلوا في تحقيق هدف اعتقدوا
أنهم أحسنوا التخطيط له ففوجئوا بالوسائل السلبية التي لم
يحسبوا لها حسابا فساهمت في إفشال أهدافهم ، أو ....
أو .... إلى آخر خذه الأمثلة ، فإن هذا أمر طبيعي يمكن
معالجته علميا . فقد أثبتت الدراسات أن سبب البلاء في
معظم الأحيان هو الإنسان نفسه لا المحيطين به أو بها كما
يعتقد المرء أو المرأة - وعليه وباختصار شديد – فإن

الإنسان على فرض أنه إنسان متراكم الخبرات والتعلم ينشأ في أسرة تحنو عليه وتقدم له كل أسباب البقاء والنمو والتطور ، فإنه يمكن إصلاحه من حالة لوم الغير إلى حالة لوم النفس . والفرضية تقول أن الإنسان مسؤول عن تصرفاته ، سواء أكانت هذه التصرفات مقبولة من المجتمع أم كانت مرفوضة . أو إن كانت مقبولة جزئيا أم مرفوضة جزئيا . وإن كانت نتائج تصرفات الإنسان المرفوضة قد تجلب له مشاكل لا يحدها شمال أو جنوب ، كما لا يحدها غرب أو شرق . فإن تصرفات الإنسان المقبولة من البيئة الاجتماعية من حوله قد تكون أيضا بلا حدود.

ونعود لفكرة تعليق اللوم الإنساني على الغير الموصوف بالمؤامرة التي يحيك خيوطها الناس للناس أو التي تحيك خيوطها الدول للدول أو الشعوب للشعوب أو الجار للجار أو الغني للفقير أو الشمال على الجنوب أو الأبيض للأسود أو الزوجة للزوج أو الزوج للزوجة أو (الحماة للكنة) أو الصديق للصديق أو كثير المصادر لقليلها ، أو الرأسمالية العالمية للاشتراكية العالمية ، أو مؤامرة التكنولوجيا (أو صانعيها غربا أو شرقا) ضد الإنسان والقيم والتقاليد . فكلها مصادر للوم بعض الناس البعض الآخر من الناس . خذي مثلا : إذا وقفت سيارة فجأة أمامك وأنت تقودين سيارتك ، تقولين (في الغالب) بسرعة ودون تفكير: من هذا الغبي الذي لا يعرف القيادة ؟ فتلومينه عل سوء قيادته ، وتنسين أن تلومي نفسك إذا حصل حادث والتحمت مقدمة سيارتك بمؤخرة سيارته . ولا تشكري ما أنت فيه من وعي

وإدراك وحسن قيادة إن تفاديت ذلك الحادث . فالذي يقود سيارته أمامك ، ليس له حول ولا قوة خاصة إذا مر من أمامه فجأة ، إنسان أو حيوان .

خذ مثلا آخر ، تعطي موعدا لبعض الناس فلا تصل في الوقت المحدد ، فتلوم الشارع المكتظ بالناس والسيارات ، ولا تلوم نفسك لسوء تخطيطك . بل ولا تعتذر عن ذلك التأخير أو لم تتصل لتخبر صاحب العلاقة بأن الظروف لم تسمح لك بالحضور حسب الوقت المحدد لذا فإنك تعتذر عن التأخير . فدقيقة التأخير هي تأخير بحد ذاتها على كل حال . ووصولك خمس دقائق أو أقل أو أكثر عن موعدك هو الأساس ولكنك لا تفي بالوعد وتكابر بأن السبب في التأخير هو المرور أو أي شيء آخر عدا نفسك . وهذا مرض عصري بحد ذاته يصاب به العربي في الشرق أو غيره في الغرب أو من تخلقوا بأخلاقه في هذه النقطة . إلا أن الفرق واضح بينهما فالأول يلوم المرور وحركة السير ولا يعتذر ويعتبرها قاعدة لا من الشواذ ، بينما الآخر يلوم نفسه ويعلل تأخره بالاعتذار بالاتصال أو بالتعبير عن شعوره المؤلم بتأخره عن الموعد ولو دقيقة واحدة .

فأين المؤامرة إذن ؟ في المثالين السابقين . هل تآمر من يقود سيارته أمامك وهو لا يعرفك ؟ أم تآمرت حركة المرور عليك فأخرت وصولك إلى موعدك ؟ الجواب واضح عند كل عاقل، ولا يحتاج إلى تعليق أكثر .

أمـا المؤامـرة أو مـا يطلـق عليـه "نظريـة" المؤامـرة ، فهي ماركسية اشـتراكية فـي أصـولـها ، ومفادهـا أن الأغنيـاء أصـحاب رؤوس الأمـوال وأصـحاب الأراضـي ¸اصـحاب المصـانع قـد تـآمـروا مسبقا علـى العمـال الفقـراء فـي كـل مجتمع أو قل في العالم أجمع ، ومنها مؤامرة الشمال على الجنوب ، أو مؤامـرة الصـهيونيـة العالميـة علـى العـالم ماليا وفكريـا أو مـؤامـرة. أو مـؤامـرة الرأسـماليـة العالميـة ضـد الأسرة لزيادة استهلاك صادراتها التكنولوجية ، فهي تفرق بيـن الرجل والمرأة وتـدق الأسـافين بيـن الآبـاء وأبنـائهم ، وبين الأسرة والعاجزين فيها من الأطفال والمسنين .

وبصـورة أخـرى فإن كل مـا لا يـرى بـالعين المجردة أي لا يمكن تحديده زمانا أو مكانا هو السبب في المؤامرة . فهو الرأسـماليـة أحيانـا ، وهـو الاختراعـات التـي تسـاهم فـي ضـعف عـرى التـواصـل بيـن أفـراد الأسـرة أحيانـا أخـرى ، وهـو أحيانا التنافس أو التناشز بين القرية والبادية مـن جهـة وبـين المدينـة وتعقيـداتها مـن جهـة أخـرى . فكيـف نضـع إصبعنا علـى المؤامـرة أو الإشـارة إلـى المتـآمرين فـي هذا الحال؟ إذا سلمنا جدلا بأن هناك تآمر ضد النفس أو النفوس الإنسـانية فـردا كانـت أو علـى شكل أسـرة ، أو علـى شكل مجتمع نام أو مجتمع نائم ؟ ذلك ما نريد أن نلفت النظر إليه وأن ندعو إلى التفكير حولـه في هذا المقال . فهل وصلت الفكرة ؟

نظرية المؤامرة : الجزء الأول:

نظرية المؤامرة تشرح حدثا معينا كأنه نتيجة لمؤامرة تحاك بسرية فائقة أو تنظيم أو حدث سياسي أو اجتماعي أو اقتصادي هام يكون نتيجة عملية سرية غالبا لا تعرف من قبل العامة . وبالنسبة للعلماء المهتمين في مثل هذه النظرية يحاولون تحليل بعض الحملات العسكرية ضد بعض الأماكن في هذا العالم ، حتى أن الفاقة والفقر والحروب الأقليمية والمحلية قد تعتبرمن نتائج نظرية المؤامرة من الدول الغنية ضد الدول الفقيرة . وفي بلاد العرب كثيرا ما يرد في مقالات المثقفين تحليل كل حدث سياسي أو اقتصادي أو اجتماعي إلى نظرية المؤامرة ، فاحتلال فلسطين من قبل الصهيونية وحرب السويس وحرب العراق وتشتيت اللاجئين والجهل وعدم إنشاء مصانع فعالة للاكتفاء الذاتي للدول العربية وحتى إنشاء الحكومات العربية لا يخلو عند كثير من الكتاب أنه مؤامرة تحاك ضد العرب حتى لا تقوم لهم قائمة وحتى يبقون في ذيل الأمم حضارة وتقدما في كافة المجالات التي تؤدي إلى الوعي بالعالم والمشاركة في صنعه . كما درج العلماء الذين يناصرون تلك النظرية في تعريف الأسرار العسكرية

والمالية في تفليس البنوك بأنها عملية تقوم لسرقة الحريات والنقود وسحب القوة التي تتحكم بها هذه الفئات من الشعوب أو المؤسسات ، لذا فإن هناك قوى خفية جبارة تقوم بحبك المؤامرات على الشعوب أو الدول أو المؤسسات الإقليمية أو العالمية . وعادة ما يصف العلماء القوى التي تقف خلف حبك المؤامرات بأنها شريرة وتكن الشر في باطنها ، لذا فهي غير ظاهرة لعامة ولا للإعلام ، ولعل ما فضحته تقارير ويكيليكس (التي كانت سرية) يبين مدى وجود صدق لنظرية المؤامرة حيث إن الأسرار بدأت تظهر على السطح وتعرفها العامة ويتواصلون بأخبارها ، خاصة تلك التقارير التي تقع تحت " سري للغاية" أو "Top Cconfidential or Top Secret" بالانجليزية.

وقد أصبح موضوع الاعتقاد بنظرية المؤامرة موضع اهتمام لعلماء الإنسان وعلماء الأجتماع وعلماء النفس والمتخصصين في العلوم السياسية وعلوم الفنون الشعبية والعادات والتقاليد . وقد تطور علم نظرية المؤامرة بعد أن ظهرت النظرية الإشتراكية كبديل منافس للنظرية الرأسمالية ، رغم أن كليهما ينبعان من مبدأ رئيسي هو فصل الدين عن الدولة والاهتمام بالعلم والعقل في تفسير الأمور الغامضة أو الخيالية أو الواقعية ، ولعل الرأسمالية أكثر انخراطا في استخدام نظرية المؤامرة كأداة لهدم الإشتراكية والشيوعية ، إلا أن الشيوعية أيضا تحاول غرس نظرية المؤامرة من خلال الوقوف ضدها وبيان سيئاتها ومضارها على الشعوب والحكومات .

وفي الحقيقة أن نظرية المؤامرة كما نفهمها تخدم حاجات مجموعات سياسية أو اجتماعية في الولايات المتحدة وغيرها مثلا متمثلة في

تخطيط الشركات عابرة القارات المعروفة بإسم " Multi) National Corporations –MNC) وهي صفة تعرف النخبة في أي مجتمع وهم من يتلقون الاتهامات بعمليات نظرية المؤامرة وقيام الحروب والمآسي الاجتماعية ، وتفترض أن الأشياء قج تكون أفضل إذا قاموا بعملية التغيير الكبرى ومنها التدخل في تعيين الحكومات والقيادات للثورات قبل حصولها ليكون لها الفضل في قيامها ونجاحها والقضاء على معارضي تلك النخب ومصالحهم ، حيث تم ذلك مثلا في حرب السويس ضد الدولة المصرية بعد تأميم القناة وضد العراق الذي اشتمت الدول الغربية والشركات عابرة القارات بأنه سيكون ندا في التفاوض على ثروات الشعوب في وجه المحتكرين من تجار النفط والغاز واالمعادن وأنه يسعى لوحدة العرب وإن كان ذلك بعيد التحقيق إلا أنه يشكل خطرا على مصالح تلك الشركات والدول فاخترعوا الأكاذيب للتخلص ممن ينادي بذلك وغزو العراق حتى لا يكون قوة لنصرة االعرب ومصالحهم ، رغم أن نظرية المؤامرة لا تمثل أيديولوجية معينة أو حقبة تاريخية بعينها ، فقد تطفو أحيانا على السطح وتغيب أحيانا أخرى في الأعماق والباطن فلا ترى نهائيا إلا إذا تم بحث الأسباب ونتائجها من حيث من يستفيد من الدول أو الشركات العملاقة وفي أي الجيوب تصب أو من ستزيد رقعة بلادة وسطوته على ممتلكات الشعوب الفقيرة أو الغنية الأخرى ومن تقل تلك الرقعة وتلك السطوة والهيمنة منهم .

ونأتي الآن إلى السؤال الهام الذي يحتاج إجابة مقنعة وهو: هل هناك بالفعل نظرية مؤامرة ضد الدول العربية والإسلامية أم لا؟ وبمعنى آخر: هل تأخر العالم العربي والإسلامي هو نتيجة مؤامرة تحاك خارج نطاق هذه الدول بغية استمرار تأخرها وتطاحنها وفشل سياساتها في تحقيق العدالة الاجتماعية والنهضة الشاملة في شتى المجالات ؟ وبشكل أكثر تقريبا لنظرية المؤامرة ، هل كان غزو العراق وأفغانستان نتيجة مؤامرة سرية كبرى حيكت في بلاد الغرب للهيمنة على الدول العربية والإسلامية بغية استغلال مصادرها

الطبيعية واستخدام معادنها وموادها الخام للدول المتقدمة تكنولوجيا وعلميا ؟ ------- وللموضوع بقية.... ج2.

نظرية المؤامرة : الجزء الثاني:

في الجزء الأول قدمنا تعريفات نظرية المؤامرة وبعض أساليبها وأهدافها ، وفي هذا الجزء نشرح كيف يقوم بعض الكتاب وهم على مستوى من الوعي الثقافي المرموق في بعض الصحف العربية والأجنبية على نفي نظرية المؤامرة أساسا ويتهمون من ينادون بها بأنهم طبعوا على إلقاء التهم جزافا ومنهم وطنيون وسياسيون ومثقفون ، ويقف في الجهة الأخرى من ينادون بنظرية المؤامرة ، لأن أي أمل في الفضاء يشع باتجاه نهضة عربية أو أي محاولة للم شعث العرب في وحدة فإنها تقابل بالشك والاتهام والهجوم عليها حتى تفشل في مسعاها ، وكلا الطرفين ينادي بما ينادي به من وجود النظرية أو عدم وجودها دون إعطاء دلائل على وسواء كانت نظرية المؤامرة لها جذور اشتراكية فإن كثيرا من الدلائل قد تؤيد وجودها بنفس القوة التي تؤيد عدم وجودها .

فإذا وضعنا بعض مؤشرات التقدم الحضاري عند الأمم فإنه يتضح لنا مدى صدق وجود نظرية المؤامرة، أو كذب وجودها . ومن هذه المؤشرات مثلا التقدم العلمي والتقدم التكنولوجي ، وازدياد عدد السكان وقصة العدالة الاجتماعية ووجود القوانين وعدم وجودها ، والأنظمة السياسية التقدمية والمتأخرة وارتباط العلاقات وتشابكها بين الأقاليم وعالميا بين آليات الإنتاج وآليات التسويق والاستهلاك والثروات الطبيعية من غاز ونفط ومعادن للتصنيع ، ويمكن أن نضيف عامل المعرفة والبحث العلمي في القضايا الاقتصادية

والاجتماعية والسياسية والتبادل التجاري ، وأهم من ذلك مؤشرات الجهل أو الأمية ومستوياتها وارتباط ذلك بالتراثات والتقاليد القبلية التي تقف ضد تعليم المرأة والفقراء من الرجال ، فمصر حتى بدايات القرن العشرين ، كان التعليم مقتصرا على أبناء الأغنياء من الحكام والتجار ورجال السلطة ، وكل من سمعنا بهم كرواد حركة النهضة كانوا من أبناء الذوات الذين درسوا في الغرب . ولعلنا سنأتي إلى ذكرهم وما نادوا به مما يخلق تفاوتا في الآراء التي تحيد بالشعوب عن عناصر قوتها ، فالتأخر الذي حصل في مصر مع بداية القرن التاسع عشر بعد غزو نابليون لمصر، واحتلال الإنجليز لمصر والسودان لم يكن ليهزم بالدعوة لتحرير المرأة ، لأن الرجال كانوا عبيدا ، وكان الأولى تحرير الرجال كما عهدنا في فترات التاريخ المتعاقبة ، وقد نادوا بتحرير المرآة في بلاد العرب والإسلام في نفس الوقت الذي كانت فيه المرأة في الغرب لا يحق لها التصويت ولا الانتخاب ، حتى في الولايات المتحدة الأمريكية حيث كانت هناك تظاهرة للنساء عام 1920 ضد عدم تمثيل النساء في المجالس المحلية ومجالس الولاية. فقاسم أمين وأمين الريحاني لم يكونا على وعي بجذور الأسباب والمسببات لذلك التأخر الذي يغلف العالمين العربي والإسلامي ، وظنوا أن تحرير المرأة سيحل معضلات الشعوب ويجعلها تقفز قفزا درجات سلم النهضة ، فكانوا مخطئين ، وتبعهم جاهلون كثر في أنحاء العالمين العربي والإسلامي .

وما قدمه محمد عبده وجمال الدين الأفغاني وهما شيخا دين ، لديهم قوة الفقه الديني وأساليبه في تغطية جهلهما أيضا بجذور الأسباب والمسببات تماما كقاسم أمين والريحاني وإن اختلفت أساليب الفريقين في سبر نهضة عربية أو نهضة إسلامية ، أو الدعوة للتغيير دون المس بالعقائد الدينية بعكس ما قامت عليه النهضة في أوروبا من فصل بين الكنيسة والدولة ، حيث انفصلت باكستان عن الهند بعد استقلال الهند من براثن الحكم الأجنبي البريطاني، وبعدها انفصلت بنغلاديش عن باكستان وهو أمر طبيعي لأن الهند كانت تفصل بين

باكسات الشرقية وباكستان الغربية ، وكلاهما حديث عهد بالاستقلال، ومن الداعين لوجود نهضة عربية من المتقدمين في القرنين التاسع عشر والعشرين على رشيد رضا – المتصوف ، وهو شيخ أيضا وإمام مسجد وداعية ديني إلا أنه قام بإنكار أفكار جمال الدين الأفغاني ومحمد عبده واتهمهم بأنهم من أهل البدع والضلال) وهو بهذا يؤيد ما نادت به الدعوة الوهابية حيث وقفت موقف التقليل من أهمية سيد قطب ومؤلفاته فيما بعد، ولم يستطع تحليل روح العصر وسنة التغيير في هذا الكون للولوج إلى أسباب تأخر الأمة الإسلامية حيث آمن بأنه قضاء وقدر لا يمكن تغييره ، وكأن الله بجلالة قدره قد حكم على الأمة بالضلال أو التأخر ، وبهذا فإن الشيخ علي رشيد رضا كان يتبع الولاء الكنسي في تأييد الظلم والعادات التقليدية البالية كالتي كانت ترتع في أوروبا قبل افكر النهضوي وقيام الثورات فيها وقبل أن توجد أي مؤشرات تساعد على قيام نهضة عربية أو إسلامية ، فهاية الخلافة الإسلامية ليست بعيدة عن زماننا فهي أقل من قرن من الزمان ، ولكن الحكم العربي كان غائبا عن معظم الأقاليم وتابعا للحكم الخلافي في أنقرة والآستانة ، وكانت كل عوامل التخلف متواجدة في الأحياء والقطاعات والنواحي وكان الناس فلاحين وتجارا وعمالا يدفعون الأتاوات دون حق مشروع وبالقوة ، حتى أن كثيرا من البشر (عربا أو غير عرب) كانوا يفقدون ديارهم أو خيولهم أو حتى حميرهم وبناتهم وأبناؤهم إذا استعصى عليهم دفع الأتاوات والضرائب . ولم تكن مدة الخلافة العثمانية يوما أو يومين بل استمرت خمسة قرون حتى أصبح التتريك عنصرا جديدا لإذلال الشعوب ونهب مصادرها وثرواتها الطبيعية، من قبل الإقطاعيين وأزلام السلطات في كل ناحية وفي كل لواء وفي كل مقاطعة .

وأما الشيخ عبدالرحمن الكواكبي فقد كان سلبيا رغم إعجابي بأفكاره التي تدعو للمعرفة واحترام الذات   والأخلاق في معاملة البشر خاصة علاقة الحكام بالمحكومين ، ولم يكن من أتباع نظرية

المؤامرة حيث نظر إلى الصفات الواقعية في العالمين العربي والإسلامي تحت الحكم العثماني ، فقد كان الاستبداد من أولي الأمر خاصة الحكام في الأقاليم قد بلغ مبلغه . ولكن الكواكبي لم يع ما كان خلال حقب التاريخ حيث لم يحلل الجذور ولا الأسباب لما يحصل وحاصل في أيامه من استبداد وخروج عن أخلاقيات المدينة الفاضلة للفارابي وأخلاق الجمهورية لأفلاطون .

وإذا نظرنا إلى بداية الاستعمار العالمي الأوروبي لأسيا وأفريقيا وأمريكا اللاتينية طيلة عشرات السنين مع هبة الثورة الصناعية والحاجة إلى المواد الخام للتصنيع ، وكيفية خروج الاستعمار من الدول المستعمرة وبقاء الصلات التعليمية والاقتصادية والتجارية بين المستعمرين والدول التي توصف بأنها مستقلة وهي أقرب إلى الدول الهشة بما فيها من سوء إدارة واستبداد وقلة عناصر بناء الدول الحديثة فيها ، فإننا نرى التطور حسب التقليد المعروف بتقسيم الدول حسب المفاهيم الغربية ، كدول نامية أو في طور النمو ودول أة دول متقدمة صناعيا وزراعيا وعلميا وتكنولوجيا . ومؤشر آخر استخدم بمهارة وغباء مدقع في نفس الوقت، وهي العقائد التراثية والأديان حيث تسيطر الأفكار الكنسية على كثير من الدول التي ما زالت تعتقد أن الملك أو الأمير ممثل الله على الأرض، ولا ترتع وتنمو هذه الأفكار إلا بوجود الجهل والأمية في رسوخ العقائد الفاسدة ،

كل هذه العوامل يجب أن تؤخذ في الحسبان عند مناقشة وجود أو عدم وجود نظرية مؤامرة ، فالمسألة لا تحتاج دليلا هنا لأن المناقشة لا تمس الجذور للمشكلة التي يسبح فيها العرب كالسمك الجائع الذي يحتاج ما يشبعه ، وحوله صيادون مهرة لديهم أبرز طرق الصيد والتخلص من الأسماك التي تشكل خطرا عليهم، فنظرية المؤامرة تبقى ...... وللموضوع بقية ج3

نظرية المؤامرة : الجزء الثالث :

نظرية المؤامرة : مجرد نظرية قد تصدق وقد لا تصدق، ولكن الأعمال التي توجه من الأقوياء في الدبلوماسية حينما يتعاملون مع الدول العربية على أساس الأسياد والعبيد أو الذي يفهم يتحكم فيمن لا يفهم ، أو بمعنى آخر أن العالم يقف أمام الجاهل ، وإذا استحكمت الأنانية في القوي والعالم بالأمور الذي يخطط للمستقبل فإنه سيخطط لبقاء الحال العربي على ما هو عليه ، فإسرائيل ستنفذ ما يلزمه عليها الغرب ولا مناص لإسرائيل إلا باتباع أوامر الغرب مقابل دعمها عالميا وفي المجمعات السياسية العالمية مثل هيئة الأمم ومؤسساتها. فلنقل مثلا أن نظرية المؤامرة فاشلة ، أو أنها خطأ يقع فيه معظم الراديكاليين لعدم وجود دلائل ومؤشرات على وجودها ، فلننظر ونقارن الدول العربية بالدول الأسيوية ، كيف نجحت الدول الأسيوية (المعروفة بالنمور الأسيوية) ولم تنجح الدول العربية ، وعلينا لتقريب المقارنة نوعيات الحكم الموجودة التي تستفيد من الأوضاع المتأخرة ، وسواء أكانت هناك مؤامرة أم لا فإن ما يحصل وحصل في الخمسين عاما الماضية دليل على وجود المؤامرة ، فمحاولات إسقاط جمال عبدالناصر وصدام حسين والقذافي في بدايات عهده إلا دلائل على وجود مؤامرة تخيطها جهات قد تكون الصهيونية وقد يكون غيرها إلا أنها ماثلة للعيان .

إن الوقوف مع السعودية في حرب اليمن والوقوف مع الملك حسين ملك الأردن ضد الفلسطينيين والقوميين السوريين وحزب البعث

وجمال عبدالناصر نموذج الوحدة العربية وقيام اتحاد بين مملكتي
الأردن والعراق قبل الثورة ، والهجوم الثلاثي على مصر سنة
1956 والوقوف ضد وحدة سورية ومصر ، كلها دلائل على أن من
يفكر في توحيد العرب سيقف العالم الغربي ضده ، وكل من يزرع
الكرامة للعرب يهاجم ويكافأ بإطلاق صفة الجاسوسية عليه .

المخابرات في كل دولة كانت مسلطة على الشعوب ومن يعقل منها ،
فكان المتعلمون أول الأهداف لها حيث يقومون بإذلال ذويهم عن
طريق زجهم بالسجون وحرمانهم من وسائل العيش الحر ، ولم توجد
دولة خرج الاستعمار منها إلا وكان رؤساء المخابرات فيها من
الفرنسيين أو البريطانيين أو من يتبع أنظمتهم التعسفية في اقتلاع أي
رفض أو معارضة أو دعوة إلى اسغلال العقول والضمائر ، وكانت
الحكومات تستعبد الناس بطرق أبشع من طرق العبودية نفسها كما
درسنا عنها أيام أوجها ، فالدول المستقلة لم تعتمد على شعوبها ولا
على جيوشها واعتدت على نصرة الأجنبي واستخدام سلاحه وأدوات
قمعه المصنعة في مصانع الغرب أو الشرق. .... ولموضوع بقية
......ج 4 حول دور الولايات المتحدة الأمريكية في تأدية مهام
(الاستعمار الجديد):

نظرية المؤامرة : الجزء الرابع :

دور الولايات المتحدة الأمريكية في تأدية مهام (الاستعمار الجديد):

الناظر إلى الأنظمة الأقتصادية المطبقة في هذا العالم شرقا وغربا ، يرى أن أصحاب النظريات الاقتصادية بعد آدم سميث وريكاردو وهيجل وماركس وكينيز أن العالم قد انقسم إلى نظريتين تحاولان النزاع على المصادر لمصانعها وإدارة شؤونها من خلال الحصول على المواد الخام بأسعار بخسة ورخيصة فالنظريات الأقتصادية أما في يد الناس من الأثرياء الذين يملكون رأس المال ويلقبون بأتباع النظام الرأسمالي، وإما النظام الاشتراكي أو الشيوعي ، ويختلف كل نظام عن الآخر في طريقة التصنيع والتوريد والاستهلاك ومركزية القرارات . فكان آدم سميث يدعو إلى العيش دون تدخل من الدولة في شؤون الأفراد ، حيث كانت الحرية للإنسان دون تدخل من الدولة فيما يجنيه البشر، سواء أكان بطرق قانونية وشرعية أو بدونها ، حتى انتفخت جيوب اصحاب الثروات من الفاسدين والمهربين والمحتكرين من التجار والعصابات ، وبدأت الدول تنزل إلى الحضيض، وجاء ريكاردو الذي أيد آدم سميث ولم يكن أصحاب عجلة التقدم الصناعي بمنآى عن الفشل الذي أصاب الأمم من تلك النظرية الرأسمالية بما يخص الاقتصاد العالمي، طبقاً لتعبير جون

ماينارد كينيز منذ 75 عاماً، حيث رفض مبدأ أدم سميث وأوصى بتدخل الدولة في التحكم في المصادر البشرية والطبيعية لخدمة الجماهير ، حيث كانت المشكلة في محركات النظام وآلياته . وما يحتاج إليه من دفعة قوية ـ كزيادة إجمالي الطلب. وفي الولايات المتحدة مثلا يشكل ضعف الدولار دفعة قوية لصافي الصادرات، وبالتالي لإجمالي الطلب الذي يتناسب مع الاستهلاك . بيد أن صافي الصادرات يشكل من وجهة نظر العالم ككل لعبة يتساوى فيها المكسب والخسارة. وهذا يعني أننا سوف نضطر إلى الاعتماد على مصادر أخرى لزيادة إجمالي الطلب ، ولعل نظرية المؤامرة لها شأن في هيمنة الولايات المتحدة على أجزاء كبيرة من العالم من الأصدقاء الأقوياء وحكام الدول الضعيفة لاستغلال مصادر بلادها ، وفتح أسواق جديدة ، وما انكفاء الولايات المتحدة في العقود الأخيرة على السوق الأستهلاكي الصيني والأسيوي خاصة الهندي سوى ترجمة لما يمكن أن يقع تحت مظلة نظرية المؤامرة ولكن بشكل يختلف في التطبيق بين نظرية المؤامرة في الدول الفقيرة حضاريا وصناعيا ومنها الدول العربية ، وبين الدول الغنية سكانيا مثل الصين والهند . وقد أدخل كينيز بعض العناصر لكبح أصحاب رؤوس الأموال من أصحاب الأطيان والمهربين والمتاجرين خارج نطاق اجهزة الدولة ، ودعى إلى تدخل الدول في الملكيات الخاصة والعامة للشعوب ، فالناس انانيون ولا يوقف أنانيتهم إلا القوانين ، فكانت هناك قواعد لا بد من أن تدخل اللعبة الإقتصادية من أجل التحكم في عوامل فشلها على المجموع العام للشعوب ، وقد أدخل كينيز عاملين هامين في الاقتصاد هما الطلب والاستهلاك ، وكلما زاد عدد الناس زادت مطالبهم وزاد استهلاكهم ، فتدخل عامل ثالث وهو الأسعار للسلع والخدمات حيث يتذبذب الأسعار حسب الطلب وتحضيره لمن يكلبون . كما أن الحكومات بدأت تهتم بعملية الضرائب لتدعم القوانين التي تسهل التبادل التجاري والاستهلاك للسلع وأصبح البائع والصانع يشارك الشاري والمستهلك في دفع الضرائب ، وبدون ضرائب لا توجد دول ولا تقوم مؤسسات ولا تمول المشاريع . لذا

كانت الدعوة إلى الديمقراطية وإنشاء مؤسسات الدولة المدنية من أهداف ذلك النظام.

أما النظام الثاني أو النظرية الثانية التي وقفت في وجه النظرية الأولى (الرأسمالية) فكان ما عرف بالنظام الاشتراكي وملكية الدولة لكل مصادر الثروة في البلاد ، وهي نظرية لم تر النور حتى قامت الثورة البلشفية عام 1917 حيث تم إقصاء الإمبراطور الروسي والانتهاء من حكم السلاطين والأباطرة . وكان منظر تلك النظرية من خلال هجومه على النظرية الرأسمالية التي تستعبد العمال والفلاحين ونادى بمبدأ العدالة الذي يقوم به حزب أو دولة تؤمن بالاشتراكية فكرا ومشاركة الشعوب في خدمات الدولة تطبيقا ،

وكل أنظمة العالم اليوم إما تتبع النظرية الأولى الرأسمالية وحرية فتح الأسواق أمامها ، أو تتبع النظرية الثانية فتقوم بتقييد ملكية المواطنين وخاصة بالنسبة للمصادر الطبيعية والثروات الكامنة في باطن الأرض وما فوقها.

ونأتي الآن إلى السؤال: أين يوصف العرب بالنسبة للنظريتين؟ وكيف يمكن لنظرية المؤامرة أن تخدم إحدى النظريتين أو كليهما؟

بالطبع ، من حيث المبدأ النظام الرأسمالي الإقتصادي يدعو إلى الهدوء من أجل تسيير عجلة الإنتاج ، ويقف أمام المطالبين بحقوقهم موقف العدو إذا طالبوا بالمشاركة في الأرباح الطائلة التي فاقت حدود المحاسبين ، فكانت الأنظمة الرأسمالية تقف ضد التظاهر وضد نقابات العمال وضد من يطالبهم بمستوى أقل في استعباد الناس، وكلما زاد التظاهر وكثر ت الشكاوي من العمال كلما قل الإنتاج وهو هدف الرأسمالية الحديثة وإذا قل الإنتاج زادت الأسعار فكانت الرأسمالية مستفيدة من الجهتين ، فتستغل ارتفاع الأسعار كلما زادت حدة التظاهر والشكوى من العمال ، وكان المستعمرون الغربيون يتبعون النظام الرأسمالي فوقفوا أما مستعمراتهم بالحديد

والنار والقهر والاستلاب للمصادر والثروات الوطنية كلما ثارت الشعوب ، وفي الخمسينات والستينات اندحر المستعمرون من معظم دول آسيا وأفريقيا ،

أما في النظام الإشتراكي (أو الشيوعي الذي لم يكن أيضا ناجحا كالرأسمالية) فكان يؤمن بالثورات على أصحاب رأس المال لذا (بناء على مفهوم التغيير كما قال ماركس: إن وجود القوانين هو دعوة للخروج عليها) لذا كان على العالم أن يتغير بدلا من العبودية إلى التحرر والعالم ينتظر أن يغيره البشر) فكان الاتحاد السوفياتي يناصر الثوار في كل مكان ويساعدهم بالمال ويمدهم بالسلاح لعمل التغيير المناسب بالثورة على المستعمرين ، وكحزب شيوعي وإن نادى بالاشتراكية إلا أنه يشارك الرأسمالية العالمية في الاحتواء وتقريب الأصدقاء ، وكانت أساليب النظامين الشيوعي الاشتراكي و الرأسمالية العالمية يقتربان من بعضهما البعض ، وهما أساسا يقومون بدور المزودين لتلك الثورات بالأسلحة الفتاكة لغلبة أعدائهم ، وإن اختلفت الوسائل بين النظامين فقد اتحدوا في الأهداف وهي التقرب من الأنظمة الحديثة الاستقلال عن طريق العون العسكري والمساعدات الاقتصادية والاحتواء . ..... وللموضوع بقية ..... ج 5

نظرية المؤامرة : الجزء الخامس :

الفقر والجهل والمرأة والرجل وحكم الدول ونظرية المؤامرة:

ضمن مقالات مشروع النهضة العربي نكمل موضوع مناقشة نظرية المؤامرة لزيادة المعرفة والفهم : إذا اجتمع الفقر والجهل والضعف في امتلاك القوة ماليا أو جسديا زادت المشاحنات بين الناس وزادت كراهية الفقراء للأغنياء ، والفقراء للفقراء ، واستغل العقلاء من الأغنياء الجهلاء من الفقراء لتمرير سياساتهم على الشعوب الفقيرة الضعيفة ، أما ما يمكن تسميته بالكرم العربي فالمقصود به الكرم بما تملك فتجود نفسك ببعضه، أما كرم الملوك والأمراء وأصحاب الأملاك من الأغنياء في بلاد العرب فهو كرم بجزء مما لا يملكون (تملكوه بالقوة أو السلطان أو الواسطة أو المحاباة أو بالقوة القبلية والعصبية) على من يملكون المصادر الطبيعية أساسا وهي الشعوب، فاحتكروا ملكية الأراضي العامة وجعلوها خاصة فإذا زاد كرمهم فذلك لأنهم يخافون على فقدان ثرواتهم التي تسلطوا عليها وحرموا العامة منها وهي ملك للناس فالكرم العربي ليس في موقعه الصحيح ، إلا إذا كان الكريم قد ملك ثروة بعرق جبينه في تجارة أو ميراث ليس له يد في تراكم تلك الثروة .

فثروة الكرماء (وإن كان بعضهم صادقا) في الوضع العربي من السلاطين أو الأمراء أو الحكام أو الشيوخ حتى الأغنياء من حولهم من التجار الموسرين وأصحاب النفوذ في السلطة هي ثروة تتراكم مما يجنيه هؤلاء الحكام أو السلاطين أو الأمراء من أرباح مشاريعهم الخاصة التي يستولون عليها بحكم التقاليد من العامة ، فيقومون بإنشاء المعارض المكلفة ويكثرون من المؤتمرات التي لا تسمن ولا تغني من جوع ، يصرف عليها من أموال وثروات الشعوب، أو عن طريق بيعها للمواطنين أو التصدق بها على أصحاب النفوذ من أعوان ومساعدين لهم على استمرار تلك الثروات بعد أن وضعوا أيديهم على الأراضي المشاع العامة ، أو بقيام السلطات على سن قوانين لجمع الضرائب أو بيع أملاك الدولة ، وأكثرهم من الوزراء والوكلاء المستفيدين من كرم صاحب السلطة ملكا كان أو شيخا أو أميرا أو رئيسا للدولة. وما أكثرهم في العالم العربي . ولا أستطيع فهم بقاء وسرمدية بعض الأنظمة في ظل غياب نظرية المؤامرة ، لأن خلو التخطيط المحلي ينتظم مع قبول التخطيط الخارجي من الدةل القوية ، ولعل هدم الجيوش ومعداتها الخفيفة والثقيلة في كثير من الدول ما هو إلا ترجمة لشروط نظرية المؤامرة حتى لو حاول البعض إنكار ذلك ، فالتروات تذهب في غير مقاصدها أي تذهب من الصرف على تقدم الشعوب وتعليمها وحضارتها إلى جيوب الدول المتقدمة تكنولوجيا ، (ولو بطرق توصف بالدبلوماسية) لأن ضياع الحقيقة أو تضييعها إثم مساو لمنع البحث عنها للتأكد منها أو دحضها. فإذا نظرنا إلى الأسباب والنتائج كان لنظرية المؤامرة نصيب كبير في أسباب البلاء والمصائب التي تصيب الشعوب والثروات ، فكلما تجمعت الثروات تم خلق سبل للتخلص منها ثمنا للعداوات بين الدول أو الحروب المحلية أو الإقليمية أو تجبير دفع مبالغ المساعدات الأجنبية من الدول المتقدمة إلى دول الأوبك أو الأوابك ، وهي دول ليست كاملة الأهلية إلا أقلها ، مساهمة في الحضارة العالمية .

فهل يمكن القول في الوطن الواحد أن هناك نظرية مؤامرة من الأغنياء على الفقراء لأنهم يتسنمون المراكز العالية في الدولة بحكم التقاليد والشرفية القبلية ، حتى أن بعضهم يستمر في الحصول على المميزات التي كان يحصل عليها أثناء وظيفته ، من سيارات وخدم وحشم خاصة إذا كانوا من العاملين في المخابرات أو الدوائر الحكومية حتى بعد تقاعدهم ووضع أولادهم وأفراد أسرهم في نفس مناصبهم الحكومية . وأن المؤامرة من الأغنياء ضد الفقراء وحرمانهم من المساواة في التملك والاحتواء للأرض والمصادر ، لا أعتقد أن هناك مؤامرة في هذا الواقع التقليدي الذي تعارف عليه الناس فالناس ما زالوا عبيدا وأسيادا ، أشراف وغير أشراف من عامة الشعب . وسواء أكانت هناك مؤامرة أم لم تكن فالأوضاع تعارف عليها الناس وارتضوا بها ، فإذا حاولوا الثورة عن طريق التظاهر أو الشكوى فإن ضعف الشعوب أمر سرمدي في بلاد العرب فلا يجوز الوقوف أمام أولي الأمر ولو كانوا أغبياء وأنانيين وجهلاء ، فهم المالكون لكل الأرض فيكرمون على شعوبهم بتوزيع الأراضي عليهم كلما أرادوا إبداء كرمهم المعهود فيما لا يملكون . فيقيموا المصانع ويستعبدوا العمال والموظفين من أجل زيادة ثرواتهم والتنعم بها وليس من أجل الشعوب ولقمة عيشها. ...

.... يتبع ج 6

نظرية المؤامرة : الجزء السادس

ونظرية المؤامرة من الرجل على المرأة بعد الزواج لا يستدعي نظرية المؤامرة التي يقوم بها الأزواج ضد نسائهم بحرمانهن من اتخاذ القرارات حتى القرارات التي تخصهن . فالزواج نصف الدين ، والطلاق ربع الدين ، إذا أخذنا مبدأ أن الرجل هو المتحكم في قضية الطلاق لذا فله الحق دون المرأة بالطلاق مرة واثنتان وبائنة ثلاثا ، بينما لا تستطيع المرأة أن تطلق زوجها لا مرة ولا ثلاثا ، وإن حلفت بالطلاق على زوجها ، فهذا أمر مستغرب ، بل كأنه خروج على الأعراف والتقاليد حتى لو كان الزوج معتوها أو غبيا أو عنينا لا ينجب أطفالا ، فالتراث ما زال صارما ضد المرأة ، فهل يعني ذلك أن هناك مؤامرة من الرجال ضد النساء ؟ أو أن النساء لصفاتهن الجسدية غير قادرات على القيام بنظرية المؤامرة ضد الرجال؟ لا ندري إذا كانت نظرية المؤامرة قابلة للتطبيق في هذ المجال . أو تطبيقها في بحوث العنصرية البغيضة التي تفرق بين سيد ومسود وبين أسياد وعبيد وبين فقراء وأغنياء ، وبينمتعلم وجاهل ، وكل منها يحتاج إلى جذور فلسفية حول نشأة الإنسان على

هذه الأرض وتطور آليات معاشه عليها وتأسيس مناهج تعليمية تكفر بالاعليم التلقيني جون وعي بما يقرأ إلى التفكير والتحليل لما يقرأ عبر تخصصات تربوية وأخلاقية تتبع منهج المنطق والتحليل العلمي والنقدي لمنتوجات الإنسان اقتصادية كانت أو سياسية أو اجتماعية أو حتى عقيدية ، فالكاعة العمياء شيء والتحليل المنطقي شيء آخر فدراسة تكوين الأسرفالقبائل فالقرى فالمدن فالدول وأخيرا نضمامه في عالمه الصغير بعد العولمة الجبارة التي تحيط بالعالم أجمع ، ولعل أبحاث ناسا المستقبلية في الولايات المتحدة الأمريكية قد تقع تحت بند نظرية المؤامرة لامتلاك المعرفة ضد من لا يملكها في الأقمار الجديدة التي قد يصل الإنسان إلى احتلالها ومنع غيره من الاستفادة من ثرواتها وقد تكون صائبة أو ليست حقيقية ، والباقون عمرا من العلماء والعامة سيصلون إلى مراحل متقدمة وسيلاحظون ما سيكون واقعا ملموسا لا خيالا زائفا يشوبه الشك وعدم اليقين .

وأخيرا فالله سبحانه أعلم بباطن الأمور وظواهرها ، وحدود التفكير عند خلق الله من بني البشر ليس لها نهاية طالما أن الدم يجري في عروق الإنسان قبل أن يأتيه الفناء . وستبقى نظرية المؤامرة واتهامها بما يحصل من تغيير في موضع شك طالما أن العلماء والبحاثين لا ينظرون إلى جذور ذلك التغيير ومسبباته وطرق الخلاص من مساوئه والقيام بالفعل لإنجاح نهضة الشعوب وزيادة محاسن الأنظمة السياسية لخدمة شعوبها ، فالعملية إذن تنبع من داخل الأوطان ونقد الذات ومراجعة التراث الثقافي وسلبياته على نجاح المقاصد في خدمة الشعوب ضمن المقاييس الفلسفية الأخلاقية والمنطقية في تحليل الأشياء وإعطاء أحكام صائبة حولها من خلال تحليلاتها النقدية المنطقية والموضوعية لا من خلال منظار التحليلات العاطفية المرتجلة كمناهج فاسدة في البحث ولتمحيص والتحليل .... نهاية الجزء الخامس ويلية...ج6 ضمن مقالات نظرية المؤامرة .

نظرية المؤامرة : الجزء السابع والأخير

دعنا نعطي أمثلة حية وما زالت عالقة في الأذهان على وجود نظرية المؤامرة فالملاحظ لأحداث التاريخ قديما وحديثا فيما يخص أحتلال الدول والاغتيالات السياسية وخاصة ما يخص التاريخ المعاصر في نصف القرن الماضي ، فقد تمت ملاحقة الثائر تشي غيفارا وملاحقة بن لادن والنيل منهما بالقتل ، وتم اغتيال جون كينيدي ومارتن لوثر كينغ ومالكولم إكس في الستينات من القرن الماضي وكلها تشتمل على شروط تدعم صحة نظرية المؤامرة ووجودها ، ولكن العلماء والباحثين في هذه الاغتيالات السياسية تنقصهم المعلومات السرية خلف كل حادث منها ، فالحصول على المعلومات ما زال يعتبر (تابو) ممنوعا في الدول المتقدمة ديمقراطيا وحضاريا ، تماما كما هو التابو المفروض في الدول العربية والنامية عند طرح قضايا السياسة والجنس بحجة حماية الأخلاق والدين ، كما يشمل حرية الرأي والتغبير والإبداع أو الابتكار ويصنف الكتاب والفلاسفة أحيانا بأنهم خارج الملة وذنبهم أنهم يسعون إلى الحقيقة من خلال كتاباتهم حيث يبينون مفاسد المجتمعات وحيوانية السياسات في شتى المجالات الاجتماعية والسياسية . لذا فإن توافر تتوافر شروط نظرية المؤامرة لا تكفي لإثباتها ، ومنها وجود الآلهة من عدم وجودها

حيث لا يمكن التأكد من ذلك بصورة عقلية وإن توصل إليها بعض الفلاسفة إلى وجود الإله الواحد قديما بمعالجة متغيرين هما الأسباب والنتائج أو السبب الرئيسي والمسبب (أي النتيجة) فالأول زمنا ومكانا هو الأصل في الوجود والدليل عليه وكل ما تبع وجوده هو نتيجة لذلك الوجود ، فالأدلة الدامغة لوجود نظرية المرامرة هي مسألة حياة أو موت ، وهي دعوة للعلماء للانتحار في هذا المجال لأن معرفة الأسرار الخطيرة قد تودي إلى القبور ، وهذا موضوع لا يخلو من الشوك والمصاعب خاصة في عالم يغلب عليه المادية وتغيب عنه الروحانية .

وقد حاول بعض العلماء العرب والمسلمين إيجاد الحلول لأزمة العقول العربية والإسلامية فضلوا السبيل كسابقيهم من العلماء الأفاضل فمنهم من تبع جمال دين الأفغاني ومحمد عبده ، ومنهم من اتبع الوهابية ورشيد على رضا ومنهم من تبع سيد قطب والمودودي في تطلعاتهم للإصلاح ، واعتبروا العلم كافرا فأرادوا دون وعي أسلمته ، وما نعرفه عن العلم والعدالة والفضائل أنها لا تتبع لملة ولا إلى عقيدة واحدة بل هي مفردات مطلقة تستعمل في جميع اللغات وتعني نفس المعاني ، حتى أن بعض العلماء جعل لفظ (أمة) مثلا مفهوم إسلامي خاص بالإسلام، من ثلاثة حروف وحسب تفسيرة أن الألف تعني الإسلام والميم تعني محمد وأن التاء المقفولة تعني (توحيد) ونسي أن كلمة أمة أربعة حروف وليس ثلاثة، وأنها تعني في أمريكا نفس المعنى في الإسلام وهي ليست قصرا على أمة الإسلام فهناك الأمة الألمانية والفرنسية والأفريقي والأمة الصينية وغيرها في التاريخ ، إضافة إلى أن لفظ أمة في القرآن الكريم وصف شخصا واحدا كما وصف مجموعة من البشر ، ووصف بها المسلمين، والأمم التي سبقت الإسلام فهي أيضا أمم. وقام عدد من العلماء المسلمين بتطبيق بعض النظريات الغربي في مجالات الاقتصاد والسياسة والبنوك والتعليم ، دون أن يعوا فائدة المجتمعات التي ينتمون لها ، فتاهوا في متاهات لا تصل إلى نتائج فعالة لنهوض

الأمم ولا تقدمها . وكثرت مجاميع العلماء ممن ليس لهم سوى علمهم وما ينتغعون به في وظائفهم حتى لا يبقوا تحت خط الفقر والحاجة دون المشاركة لقلة الحيلة صحيا أو ماليا ، وقد ضلوا في البحث عن الحقيقة بصورة علمية إلا أن من ظهر في تاريخ مصر والمغرب العربي من أمثال طه حسين ومحمد أركون كأمثلة داعية لاستعمال العقل والعلم والمنطق للبحث عن الحقيقة أو الشك في الواقع الهزيل ودراسته وكانوا من خريجي المعاهد الأوروبية وخاصة فرنسا ، فقد قوبلوا بالستهجان واتهموا بالزندقة والخروج من الملة .

ولعل العديد ممن تخرجوا من معاهد الغرب رجالا ونساء (من الجامعات الفرنسية والبريطانية والجامعات الأمريكية وفروعها في الداخل (كالجامعات الأمريكية والجامعات اليسوعية) أو الخارج (في الجامعات السوربون وإكسفورد وكامبردج وجامعات أمريكا) إذا كانوا مبعوثين من بلادهم ومعظمهم توصل إلى ما وصل إليه عن طريق الوصولية والواسطة والمحسوبيات وليسوا من أبناء الشعوب الفقيرة إلا إذا كانوا من الأذكياء والمبدعين ، قد تسنموا رؤساء وزارات ووزراء ورؤساء دوائر دون الاهتمام بالعالم الذي يحيط بهم ، لأن الواقع الفاسد لا يعينهم على تقصي الحقائق في بيئة تقليدية تؤمن بالإشاعات والخيالات والبحث عن الحقيقة ، فهم في موقف لا يحسدون عليه عند دعوتهم إلى تهذيب العقول والتمسك بالعقل للوصول إلى إلى الحقائق ، حتى أن بعضهم تم تكفيره أو ترحيله أو وصفه بأبشع الأوصاف.وأدرجوا في قوائم المغضوب عليهم ولا الضالين آمين. لأن البحث عن الحقيقة المرة في رأي من يتسنمون أهرامات الجهل في العالم العربي لا يجب لمسها والبحث فيها حتى تبقى الأكاذيب والإشاعات والتقاليد السلبية هي السارية المفعول عند الجهلاء والفقراء ، وهي الخالية من المضامين الحقيقية التي تؤمن بالعقل رائدا وبالمنطق ديدنا وبالبحث العلمي منهجا

وفي الختام نقول: إن نهضة الشعوب والدول اليوم إنما تمر بالعلوم والجانعات والبحث العلمي والمختبرات العلمية القائمة على أسس

عقلية متينة وصحيحية ، وبدونها لا تستطيع الشعوب إنتاج ما تحتاجه للنهوض ولا تستطيع تسيير عملية الإنتاج للكفاية والاستقرر ولا تستطيع إيجاد فرص عمل جديدة للشباب ولا توظيف العاطلين عن العمل ، أو تقلل من البطالة المتفشية في الأوطان من جراء سوء الإدارة والمشاعر التراثية العاطفية الخاوية والخالية من المنطق والتحليل وأساليب الإدراة الحديثة ، وكما سبق أن قلنا حول النمور الأسيوية، وخاصة كوريا الجنوبية وسنغافورة ومعهم الهند التي بلغ تقدمها لا فتا للنظر في شتى المجالات ، وأصبحت تناطح الدول الغربية في أسواق العالم حتى أن الاكتشافات الإلكترونية في مصانع الغرب بدأت تعتمد اعتمادا كليا على برامج مصنعة في الهند ولا تسير سيارة إلا بعد تركيب برامج إلكترونية في الهند أو كوريا، وإعادة التصاميم إلى الولايات المتحدة مثلا.

لذا فإن العالم العربي يحتاج إلى إعادة تصميم للخروج من ضباب ماضي الأمجاد والأجداد وأوهام العقائد والخيالات لكي يدلفوا إلى عالم العلم والبحث والاختراع تلك الأرض الخصبة للتقدم والازدهار والنهضة ، دون التفات إلى نظرية المؤامرة أساسا ، تلك النظرية التي ضيعت وتضيع الجهور لمقاصد القوانين والإصلاحات في مجالات المساواة والحرية والعدالة الاجتماعية . ..... انتهى الجزء السابع والأخير.

حول مطبوعات الموسوعة العربية الأمريكية

ومنشورات معهد إحياء التراث العربي في المهاجر

Arab American Encyclopedia-USA - Hasan Yahya

About the author

الدكتور حسن عبدالقادر يحيىDr. Hasan A. Yahya

Professor, Dr. Hasan A. Yahya is a Jordania American writer originally born in Palestine. He's the author of American Arab Encyclopedia (AAE), the Honorary Committee Member of the Arab & Muslim Writers Union-(A&MWU), the Dean of the Arab writers in North America, an SME Expert , and president of DryahyaTV. He's an Arab American writer, scholar, poet and retired professor of Sociology. He graduated from Michigan State University with 2 Ph.d degrees. He published 150 books plus (105 Arabic and 45

English & Bilingual), and 500 plus articles on sociology, religion, psychology, politics, poetry, and short stories. Philosophically, his writings concern logic, justice and human rights worldwide. Dr. Yahya is the author of best selling book: Crescentologism: The Moon Theory, and Islam Finds its Way, in English, and 28 Arabic Short Stories in Arabic, all on Amazon, Create-space and Kindle. He's of encyclopedic nature in knowledge, an expert on Race Relations, Arab & Islamic cultures. His main interested in Philosophy, Religion, World affairs and global strategic planning for the purpose of justice and human rights. www.dryahyatv.com From his quotes: "No body is perfect, mentally or physically" and "If people loose their dignity, No one may imagine what they are capable of doing to regain it.

ولد الدكتور حسن يحيى في مجدل يابا من أعمال يافا – فلسطين عام 1944. تلقى علومه الابتدائية في مدرسة بديا الأميرية في الضفة الغربية أيام احتوائها ضمن المملكة الأدردنية الهاشمية وتخرج في جامعة بيروت حاملاً الإجازة في اللغة العربية وآدابها، ودبلوم التأهيل التربوي من كلية القديس يوسف بلبنان، ودبلوم الدراسات العليا (الماجستير) ودكتوراة في الإدارة التربوية من جامعة ولاية ميشيغان بالولايات المتحدة عام 1988، وشهادة الدكتوراه في علم الاجتماع المقارن من الجامعة نفسها عام 1991. عمل في التدريس والصحافة الأدبية. ومنصرف إلى الكتابة في علوم كثيرة تخص علمي النفس والاجتماع والتنمية البشرية ، ألف ونشر العديد من المقالات والكتب باللغتين العربية والإنجليزية ، وله ست مجموعات قصصية وست كتب للأطفال ، وأربع دواوين شعرية باللغتين أيضا. وهو الآن أستاذ متقاعد في جامعة ولاية ميشيغان. وهو عضو جمعية الكتاب العرب والمسلمين في أمريكا الشمالية ومؤسس الموسوعة

العربية الأمريكية في الولايات المتحدة ضمن مشروع إحياء التراث العربي في بلاد المهجر .

مؤلفاته:

Arab American Encyclopedia Publications

منشورات الموسوعة العربية الأمريكية

Dr. Hasan Yahya Books - كتب الدكتور: د حسن يحيى

كتب (بالعربية والإنجليزية) ، قام بنشرها الدكتور حسن يحيى ضمن مشروعه: إحياء التراث العربي في المهجر ، بالتعاون مع الموسوعة العربية الأمريكية التي أسسها أيضا لهذا الغرض ومعهد البحوث الإدارية ومطابع شركة البركان وتلفزيون الدكتور يحيى في الولايات المتحدة :

The Arab American Encyclopedia Publications:

In English:

1. Moon Flowers: Poems, Tales & Politics
2. Poetry Diwan: Love, Fears & Hopes
3. Crescentology: A Theory Of Conflict Management And Cultural Normalization
4. Crescentologism: The Moon Theory
5. Brief Arab & Muslim Ethics: For Non-Arabic Speakers (Bilingual)
6. The Beast In Me America: Arabic Folklore, Tales, Stories, & Poetry
7. Personality & Stress Management: A New Theory
8. Arab Palestinian & Jews: Sociological Aproach
9. Legal Adultery: Sexuality & World Cultures
10. Crescentologism: The Moon Theory
11. Islam: Finds Its Way
12. 30 Tales From Faraway Land: Middle Eastern
13. Brief Islamic History (bilingual)

14. Jesus Christ Speaks Arabic
15. فن أدبي جديدFan Adabi Jadid (bilingual)
16. Protocols of Zion: Trilingual : Spnaish, English & Arabic
17. Prophets Saga: from Adam to Muhammad
18. Al-Akhlaq al-Islamiyyah (Bilingual)
19. Quotes: Love & Humor (Bilingual)
20. Jesus is Different the Prophets History
21. 50 Short Stories (55 words)-Bilingual
22. The Intruder: Bilingual
23. *Alisha and Other Stories.*
24. 70 Very Short Stories (English)
25. *Short Stories from World Literature (Bilingual)*
26. 65 stories for Children 3-12 , (English)
27. Occupation and Other Stories from World Literature –English
28. 85 Fables & Tales for Children 3 to 12 (English)
29. *Naji al-Ali Art Show.* A Palestinian Artist *Ann Mary Thatcher*
30. Princess Imagination: A New Design Novel (English)
31. Al-Hariri Assemblies (Maqamat al-Hariri (English)
32. Water, Population and Conflict in the Middle East.
33. *Princess Diana Still Alive, A New Novel Design. Ann Mary Thatcher.*
34. *Nietzsche On Christianity*
35. *Bertrand Russell: Roads to Freedom*
36. *The Dangers of the GMS:Slideshow & Presebtation*
37. *Ernest HemingwaySuicide Story*
38. *Brief Management: Theories & Applications.*
39. *I Have the Right to be Angry*
40. *FBI Madness Storm , One Act Play*
41. *Nadia: An Innocent Girl from Cairo, Short Story*
42. *Brain and Mind Psychology*
43. *Banning Islam: Petition of Ignorance*
44. *The Wiseman Spirit Still Dancing:Short Story*
45. *The Oldman and the Mower, Short Story*
46. *Al Imam al Bukhari Research Methods*

47. *Secularism: A Response to Sh. Yusuf al Qaradawi*
48. *Family, Leadership & Problem Solving Games*
49. *Knowledge & Globalization*
50. *Islam & Muslims in America: Sociological Analysis*
51. *The Science of Socio-Therapy*
52. *Defending Islam, Banning Islam*
53. *Defeating PTSD* Epidemics
54. *New Theory of the Universe: A Macro Philosophical Approach*
55. *The Concept of Crescentology in Sociology*
56. *The Old Man & the Mower, short Story*
57. *Huda Sha'rawi, An Egyptian Legendary Girl*
58. Joan of Arc: The French Legendary Girl

59. التعاليم الأخلاقية العربية والإسلامية – باللغتين
60. 28قصة قصيرة بالعربية
61. 55قصة قصيرة للأطفال
62. مناهج البحث العلمي في العلوم الاجتماعية
63. أضواء على الفكر الغربي
64. حالات علاجية لغير القادرين
65. علم الإجتماع التطبيقي
66. حكايات من أمريكا
67. قياسات الذكاء بالعربية
68. نظرية سي القمرية والطبيعة البشرية
69. مقالات في التنميةالإجتماعية
70. ديوان بحر الأماني – شعر
71. ديوان القدر – شعر
72. ديوان لولاك – شعر
73. زوجة السلطان -مجموعة قصصية
74. زوجات للبيع – قصص ومقالات
75. 2000بيت من الشعر العربي
76. الزواج والجنس في العالم
77. كتاب الحب والأبراج
78. قواعد الحب والزواج
79. كبري عقلك : أغاني للكبار.
80. مسرحيات وقصص / الشرط الثالث

81. الإسلام ومصالح البشر
82. أغاني رياض الأطفال – للأطفال
83. الطفلة المثالية – كتاب أطفال
84. حكايات وأغاني للأطفال20/20
85. سلسلة بلادي العربية – أصل الحضارة (للأطفال)
86. 2000بيت من الشعر العربي
87. مضاربات الشعر العربي والمعلقات ــأكثر من 3000 بيت
88. الوعي واللاوعي والسعادة
89. عشر قصص عربية
90. العربية فن : لغير الناطقين بالعربية .
91. محمد (ص) رسول البشرية
92. موجز التاريخ الإسلامي
93. مهارات المعلم وإدارة الفصل – جزء أول
94. مهارات المعلم وإدارة الفصل – جزء ثان
95. اللهم فاشهد – مقالات
96. مقالات في علم النفس
97. عربي في أمريكا – مجموعة قصصية
98. أسس الإدارة ونظرياتها
99. الأسرة العربية في مهب الريح
100. سلسلة التعليم للأطفال باللغتين – 1
101. التعاليم الأخلاقية العربية والإسلامية – باللغتين
102. مسرحية : الدخيل، بالعربية مترجمة عن الإنجليزية
103. مسرحية الدخيل، بالصينية مترجمة عن الإنجليزية
104. مسرحية الدخيل بالإسبانية ، مترجمة عن الإنجليزية
105. فن أدبي جديد قصص قصيرة جدا : 55 كلمة فقط – باللغتين (bilingual)
106. أفضل القصص :ثلاثون قصة عربية قصيرة
107. قصة عربية قصيرة 70
108. الدليل القاطع: قصة بوليسية قصيرة
109. دهاء امرأة: قصة بوليسية بالعربية
110. كيد الرجال : رواية قصيرة بالعربية
111. لعنة الذكاء : رواية قصيرة بالعربية
112. مادلين أوهارا : قصة قصيرة بالعربية
113. الجريمة الكاملة : قصة قصيرة بالعربية
114. ثمن الثروة : قصة قصيرة بالعربية
115. ابن زيدون شاعر الأندلس
116. شعر الوصف :تشبيهات أشعار أهل الأندلس

117. من عيون الشعر الأندلسي: أشعار عربية
118. نظرية المؤامرة والعالم العربي
119. أشعار الربيع العربي : قصائد من العالم العربي
120. قصص عربية قصيرة من الإدب العربي المعاصر .
121. الإحتلال وقصص أخرى – مترجمة من الإدب العالمي
122. .سبعون قصة عربية قصيرة جدا
123. معروف الإسكافي وقصص أخرى من ألف ليلة وليلة
124. قصة التوابع والزوابع لابن شهيد الأندلسي
125. رسالة الغفران لأبي العلاء المعري
126. مقامات بديع الزمان الهمذاني الخمسين بالعربية
127. كتاب كليلة ودمنة لابن المقفع
128. مقامات الحريري الخمسين بالعربية
129. حي بن يقظان لإبن طفيل
130. قصص قصيرة من الأدب العربي المعاصر بالعربية
131. الاحتلال وقصص أخرى –مترجمة من الأدب العالمي1
132. طبائع الاستبداد للكواكبي
133. باب الإيمان في الصحيحين البخاري ومسلم
134. تفسير الجلالين : سورة البقرة
135. كتاب الطهارة في صحيح مسلم.
136. أشعار الشباب العربي: قصائد من البلاد العربية
137. .52مقالات أنيس منصور: د. أحمد هيكل
138. خمسون مقالا لأنيس منصور/ 2
139. مقالات لأنيس منصور/ 3 .
140. تفسير سورة الكهف : شريف سيد قطب
141. تفسير سورة الكهف : يوسف القرضاوي
142. الغزال الطائر :قصص ومسرحيات -قادم قريبا
143. صدام حسين : رواية أخرج منها يا ملعون
144. زبيبة والملك: رواية لصدام حسين
145. السأم الباريسي ترجمة أشغار بودلير لمحمد الإحسايني
146. أرض البرتقال الحزين لغسان كنفاني
147. الدفلى: رواية بالعربية لماري رشو
148. الطوفان الأزرق : رواية من الخيال العلمي للكاتب المغربي : أحمد عبدالسلام البقالي
149. في مهب الريح: رواية للكاتب الأردني تيسير دبابنة